DOS

Francisco González de Canales

COLECCIÓN ITES

DOS

© Francisco González de Canales
© Corrección ortotipográfica: Isabel Caballero
© de esta edición: Olé Libros, 2025

ISBN: 979-13-87951-22-1
Depósito legal: V-5097-2025
Impreso en España

No se permite la reproducción total o parcial de este libro, ni su incorporación a un sistema informático, ni su transmisión en cualquier forma o por cualquier medio, sea este electrónico, mecánico, por fotocopia, por grabación u otros métodos, sin el permiso previo y por escrito del editor. La infracción de los derechos mencionados puede ser constitutiva de delito contra la propiedad intelectual (Arts. 270 y siguientes del Código Penal). Las solicitudes para la obtención de dicha autorización total o parcial deben dirigirse a CEDRO (Centro Español de Derechos Reprográficos).

KALOSINI, S. L.
Grupo editorial olélibros
equipo@olelibros.com
www.olelibros.com

UNO

Cada ser es distinto de sus congéneres. Su nacimiento, su muerte y los acontecimientos contenidos en su vida pueden tener interés para los otros, pero él es el único directamente interesado: solo él nace, solo él muere.

GEORGES BATAILLE

La experiencia interior es la respuesta que el hombre espera cuando ha decidido no ser más que interrogante.

MAURICE BLANCHOT

ALUMBRAMIENTO

Se hizo el frío.
Aquel que siempre acompañó a la muerte.
Trabajaban sobre mi cuerpo
como una cuadrilla silente,
percutiendo movimientos mecánicos.
Desperté allí, en medio,
con un dolor indecible,
y dejé de ser dos
en casa ajena.

Comparecí entonces
como un triste amasijo de confusión doliente,
entre chasquidos metálicos y un murmullo
inaudible
al que a veces se unía
el llanto lejano de algún niño.

En aquella bruma de los sentidos,
incomunicado ante la presencia
de hombres aún sin rostro,
la mitad de mí debía aprender
ausente
a ser un todo.

Desde esa mañana
en que fui seccionado,
mucho de lo que hice,
o mucho de lo que pude hacer,
fue el tanteo inabarcable de las formas
con las que ansiaba ser
aquel mismo DOS de nuevo.

SILENCIO

No, ya no se oyen los gritos
que antes siempre me sitiaban:
barriga, embarazado, preñada...

No se oye nada.
Y sin embargo
qué difícil también
vivir
este nuevo silencio
que hoy se inicia.

Antimística

Esta oscuridad
se hace redonda,
se completa más a sí,
cuando se aviene a habitar
más allá de mí mismo;
cuando se escapa de ser yo,
de tener acaso un cuerpo
que la haga palpable,
aunque en su redondez
aún me habite y circunscriba
padeciendo solo en carne mía.

Mi centro se propele
hacia fuera de mí
al encuentro de una nada.

INTENCIÓN DE CONSUELO

Una voz se derrama
sobre la superficie pulcra
donde resuena el cuerpo
eludiendo indolente
la víscera o el beso,
codiciosa de seguir
derramando
las bendiciones que ofrece
impregnadas en paredes baldías,
como quien construye quedo
la oquedad indivisa
de un yo ubicuo.

Objetos sin valor

¿Cómo se puede huir de la sombra
cuando el sol todo ocupa?

¿Qué es la mentira,
si solo la oscuridad más profunda
puede dar cuenta de lo que la verdad
en su exposición oculta?

¿Dónde está el culpable del vacío
cuando ya nada queda?

El dolor físico no solo opone una resistencia al lenguaje, sino que lo destruye de manera activa, trayendo aparejado una inmediata reversión a un estado anterior al lenguaje, a los chillidos y berridos que el ser humano hace antes de aprender el lenguaje.

ELAINE SCARRY

La pieza de carne es la zona común del hombre y la bestia, su zona de indiscernibilidad. [...] el hombre que sufre es una bestia, la bestia que sufre es un hombre.

GILLES DELEUZE

DESCENDIMIENTO

El descendimiento de lo sentido
rara vez refleja la lucidez celeste de lo vivido,
sino el ritual lúgubre y desvalido
con el que se inicia toda deshechura.

Su maltrecha figura deformada
nunca ofrece consuelo entre lo justo,
descolgada ya el alma por su extremo
deposita un cuerpo inerte entre lo muerto.

Se redime ya solo sin su tiempo,
como campo que se hubiera deslabrado,
desyuntando sus miembros uno a uno,
para unirse en origen con lo amado.

Cada cicatriz

La contrahechura es la horma
de la ausencia.

Las marcas que sellan cada cuerpo
no solo fijan a un tiempo
el estado pasado en que fue herido,
sino que guardan para sí
una historia propia,
que existe
más allá de la sangre
que entonces se contuvo,
contorsionada
con ritmo irregular
sobre los nuevos lances
que un día inscribieran
su destino,
sobre la carne que fuera
de aquel niño.

CUERPO DE AIRE

Cuando la carne se haga insostenible,
recuerda en ti aquella música antigua;
tu cuerpo es vehículo del viento;
de la garganta brota una lágrima densa.

Cuando la carne te pese en este día,
insúflala del aire de mil bocas;
que exhalen por tus labios ese tiempo
que marca el compás de las estrellas.

La expulsión del Paraíso significa la caída desde la bienaventurada incapacidad de enumerar. En la diada, los dos unificados poseen incluso la fuerza de negar al unísono su ser dúplice.

PETER SLOTERDIJK

De pronto, el hombre se ve desde fuera, ya no está escondido en su cuerpo, se ha vuelto extraño para sí mismo.

RÜDIGER SAFRANSKI

LOS HECHOS

Cada herida rescata
de un mundo que se prepara yerto;
que cae limpio en sus bordes
tras de la faz impía
que ofrece la matemática celeste;
que disuelve, en candidez genérica,
todo aquello que podría haber sido.

Se prepara en silencio un mundo sin amor,
pues solo puede amarse
aquello que abarcan unos brazos tendidos:
el sencillo gesto de un cuerpo
cuando alegre asciende hacia lo incierto;
el valeroso agitar del cabello enardecido
tras las llamas batientes del deseo.

Todo lo demás,
una rueda sin rumbo,
una realidad sin manos,
un presente sin cuerpo.
Un mundo sin amor.

Luces blancas

Un escenario se prepara pulcro,
a la espera de acoger un destino impreciso.
En el tiempo de la potencialidad infinita
nada debe de exhibir resistencia alguna
a la anunciada *vernissage* de los mundos posibles.

Acontece así una mesa vacía,
la ventana simétrica y al centro,
y el hombre o la mujer envueltos, mansamente,
en normativos cortes de algodón neutro.
Hoy solo son menudas sombras blancas
diluidas en un fondo
que se repite a sí mismo;
el mosaico de luz que reconstruye
el ignorado vacío colectivo,
extenuante necesidad o trampa
sobre el que se erigen los sueños futuros.

VENTANA

En ese trozo de muerte
que cada cama esconde,
en su extremo superior más alejado,
he construido con paredes de libros
un lugar donde esconderme
como un niño en lo oscuro.

Allí viejos libros protegen
al viejo cuerpo
que cada noche quiebra
el sentido perdido de volver
a aquel lugar remoto,
donde uno más uno más uno
era solo uno.

Una ventana abre futuro
circundando a la carne.
Su luminosidad
puede dejarnos ciegos.

DOS

«Fui la piedra y fui el centro
y me arrojaron al mar».
¿A quién? ¿A la piedra o al centro?
¿O solamente a la piedra que era el centro a la vez?

JOSÉ ÁNGEL VALENTE

El ser humano es un microcosmos
y el cosmos es un macro ser humano.

IBN 'ARABI

COMO EL MAR

¿Qué es el mar?
Si no un murmullo lejano
que te abraza íntimo en su adentro
recreando el tiempo primitivo.

¿Qué es el mar?
Si no un respirar profundo
donde flotan perdidos los espejos,
la punzada salina
que penetra al centro del aliento.

¿Qué es el mar?
Si no es una tierra otra,
donde el cuerpo ceja en ser cuerpo
y se abraza a su ansia de infinito.

LAS OLAS

No es la paz
el hábito de la mar en calma,
sino el batir de olas
sobre la armonía relativa de los sentidos,
la luz que reverbera entre los cuerpos,
el murmullo que centellea
tras la huidiza sombra de una marea,
el perfume salado
que rasga un pecho al descubierto
sobre el que morir en calma,
sin esperar más gloria
que eleve nuestra dicha.

Un otro océano

Existe un tiempo
más allá de nosotros,
donde ya no acontece
representación alguna
de lo que acaso somos
como seres finitos;
donde las cosas no ocurren,
sino que están, ahí,
ya desplegadas,
presentes sin pasado o futuro,
como un amor dispuesto
siempre al abrazo;
yuntados sin cesura,
como vaivenes de olas
que se agitan y quiebran
colapsando en sí mismas,
sobre la vasta inmensidad marina
a la que siempre al cabo ya retornan.

*Una obra concebida radicalmente es un movimiento
de lo Mismo hacia lo Otro, que nunca vuelve a ser lo Mismo.*

EMMANUEL LÉVINAS

*El significado de un encuentro con lo otro no está en su novedad.
[...] La sorpresa es consecuencia de este encuentro.
Pero entre el deseo y la sorpresa hay una pausa,
una inmediatez que no puede ser capturada ni representada.*

JADRANKA SKORIN-KAPOV

La torre y la luna

Un rostro reflejado de luna camina al frente
—y a mi lado—,
y me busca y esquiva en la tenue calma
de la noche
en la que nacen los anhelos de estío.

Rostro de luna,
en el vértigo del beso
siento hundirme,
en aquel firmamento de luces
donde tú gravitas como centro,
para sostener a este breve cuerpo alzado,
que hoy se mece en ti
como un astro infinito.

Soledad compartida

De la punta
de estos pies desnudos,
crece leve una flor
cuando inicia breve su deseo
el tiempo de los otros.

Su extendida claridad
doblega ansias,
y un palpitar callado
teje haces de luz
sobre el grito sordo
que la soledad emana.

Ya el mundo entero
se refleja en mí.
Del ahogo
que hubo en mi garganta,
nace lenta
la joven mariposa.

Compás de tiempo

Un cuerpo late en el silencio.
Contenido, retiene a la palabra
cada vez que se acerca
el abismo que crea quien enuncia,
la elusión del nombre de las cosas.

El cuerpo calla,
se resiste al verbo,
pero bien sabe hoy
que en su propio palpitar constante
se está construyendo ya
el ritmo del tiempo donde se alumbrarán
las alegrías o tristezas de un nuevo mundo.

Los cuerpos no solo tienden a indicar un mundo más allá de ellos mismos, sino que ese movimiento, más allá de sus límites, es un movimiento fronterizo que parece ser imprescindible para establecer lo que los cuerpos «son».

JUDITH BUTLER

Es el cuerpo quien soporta, en su vida y su muerte, en su fuerza y en su debilidad, la sanción de toda verdad o error.

MICHEL FOUCAULT

IDENTIDAD

¿Quién eres tú? ¿Quién soy yo?
¿Qué estamos haciendo ahora?
Es el pobre bagaje que me ofrece
la ávida lengua con que me acerco al mundo,
y los viejos y circulares movimientos
en que repite lenta su larga letanía.

Por acallarla
uno entra en otro con brío,
socava sin pausa
hasta rendir su aliento
a ese breve estado horizontal
en que ya pasó el tiempo de preguntas.

El mundo se hace transparente con
el deseo calmado.

El amor me hacer ser yo
y conocerme —o más bien desconocerme—,
quebrar el egoísmo, ser donde no era.
Quizá, a fin de cuentas,
es ahí donde reside la
calma.

El amor me hace ser tú.

Digo tu nombre

Digo tu nombre
cuando hallo a tu cuerpo frente a frente
desbordándose entero de mis labios;
cuando el pecho henchido de tu aliento
exhala el fondo del exceso
y transciendo el pulso necesario.

Digo tu nombre
cuando ya perteneces a otro día,
cuando con ojos cerrados
trago dulce cada letra que te indica,
abrazarte, como si pudiera
en el reverso exangüe de mí mismo,
inhalar en rezo tu partida.

Digo tu nombre
cuando canto distraído en la mañana,
cuando hago tareas anodinas,
cuando salgo en las tardes sin persiana
o recorro el espacio que va
del cuarto a la cocina.
Entonces, también, aún,
digo tu nombre.

SIN EDAD NI TIEMPO

Qué fácil fluye hoy el lento mundo,
a pesar del tiempo ya concedido,
sin más justificación alguna
que la de hacer vivir
un pulso que quiere sostenerse
rodando sobre unos ojos que ríen,
rotando sobre unos cuerpos que danzan,
asiendo sobre unos brazos que abarcan;
como ciegos tanteos
que buscan la dicha en el propio no saber
de ese instante sin edad ni tiempo,
en que uno se hunde
sobre el otro,
con la profunda fe de pensar,
que de algún modo
siempre habrá alegría,
también mañana.

Dos

Si todo fluye incansable,
si transita sin pausa
hacia la disolución
que somete a los cuerpos
a la honda frustración de lo inasible,
tú devuelves en mí
el perfil cerrado de las cosas;
pues cuando en ti me pierdo
yo soy más yo
que lo que nunca he sido,
y sin embargo soy yo también tú
a un mismo tiempo.
Soy y somos yo y tú y nosotros,
y el mundo entero
cabe en nuestros brazos.

Entre un ser y otro hay un abismo, una discontinuidad. [...]
Este abismo es profundo y no veo el medio de suprimirlo.
Lo único que podemos hacer es sentir en común el vértigo
que nos provoca.

GEORGES BATAILLE

Sin encarnación no hay redención posible.
En la encarnación está explícita la redención de lo humano
e implícita la redención de lo divino.

JOSÉ ÁNGEL VALENTE

TAN CERCA

Tan cerca,
tan asido a ti
que a veces
ya apenas logro distinguirte,
llegar a verte como alguien
que habitase fuera de mí;
refugiado en guiarme
por tus rastros,
recoger tu ropa extendida
como testigo de que allí
un día existió un cuerpo;
sostener tus sandalias
en mis manos
allá donde pisaste;
reconstruir así
de nuevo
a través de indicios
aún dispersos,
la belleza perdida
que ahora vive dentro de mí.

EN MÍ O EN TI

Tú
te haces en mí
aun siendo
tú a cada instante.

Te haces mi centro
sin desterrar tu centro.
Te haces mis ojos
sin deponer tus ojos.

Y si acaso me abrazas
mientras duermo,
de seguro apareces
en uno de mis sueños.

RASTRO DE TI

En realidad, yo sé bien que nunca partiste,
que los restos que de ti me dejas
no son vestigios de un tiempo que ya fue,
sino que habitan hoy, aquí conmigo,
como cada aire que mi cuerpo inspira,
obstinado, dentro y fuera de mí,
cual creadores sin pausa,
valedores humildes
de cada renovada forma de tu presencia
en esa paz que emerge
de un nuevo tiempo suspendido,
en el que tú, implacable, rocías de ti
la mirada misma con la que habito el mundo.

IGUALES

Si un día he de recordarte
que sea frente a frente.
Que no sea el uno
siendo sobre el otro
abriendo jerarquías al deseo,
sino alzados
como cuerpos parejos,
iguales en amor;
disueltos en identidad más profunda
que un yo o un tú verdadero;
entrelazados de besos;
sencillos y plenos
sin vanidad u orgullo
que logre ensombrecernos.

EPÍLOGO

AEROLOGÍA

Extendida en mis horas
tu presencia de alma cotidiana,
tú te vuelves en mí
gravitando incansable
como la órbita elíptica
que nunca se quebrara,
circundando infinito
al inicio profundo de mis días,
trastocando sin pausa
para forjar de nuevo
un sentido de ti
que venza en la mañana mi partida.

A todos los que fueron corregidos

ÍNDICE

Uno

Dos

Epílogo